LA DÉFENSE DE METZ

ET

LA LUTTE A OUTRANCE

VERSAILLES. — IMPRIMERIE DE E. AUBERT,
6, avenue de Sceaux.

LA
DÉFENSE DE METZ

ET LA

LUTTE A OUTRANCE

PAR ROSSEL

CAPITAINE DU GÉNIE

PARIS

ARMAND LE CHEVALIER, LIBRAIRE-ÉDITEUR

Rue Richelieu, 61.

1871

PRÉFACE

Le 27 juin dernier, le journal *le Soir* publiait l'entrefilet suivant :

« Le jour où fut signée la capitulation de Metz, un
« officier de l'armée de Bazaine, qui était parvenu à
« s'échapper avant que les soldats n'eussent à se consti-
« tuer prisonniers, arriva à Bruxelles.

« Le lendemain, l'*Indépendance* publiait un premier
« récit intitulé : *la Capitulation de Metz*, et, un peu
« plus tard, un second intitulé : *les Derniers jours de*
« *Metz*. Ces pages étaient éloquentes, écrites assuré-
« ment sous l'empire d'une exaltation poussée jusqu'à la
« rage, mais empreintes du patriotisme le plus élevé.
« Elles racontaient l'indignation de l'armée, les efforts de
« quelques-uns, à la tête desquels se trouvait le général
« Clinchant, pour sauver cette armée si odieusement
« livrée. Elles furent très remarquées, et parmi les do-

« cuments postérieurs publiés sur la capitulation, aucun
« ne les égale, si ce n'est peut-être la brochure du géné-
« ral Deligny et la lettre du colonel comte d'Andelarre.

« L'auteur de ces pages se nommait *Rossel*. Quelques
« mois plus tard, aveuglé par un délire incompréhensi-
« ble, il était à la tête de l'insurrection. — Quelles cir-
« constances l'avaient conduit là ; par quelle aberration
« l'homme qui avait exprimé si noblement des sentiments
« si français était-il parmi ceux qui voulaient détruire la
« France? Je viens de relire ces deux récits sur Metz
« qu'on a publiés l'autre jour à Bruxelles, sous forme de
« brochure. Je les signale aux juges de Rossel. Il est de
« leur devoir d'en prendre connaissance. *Cette œuvre*
« *leur fera connaître cette âme affolée, mais non avilie, et*
« *exercera sur l'arrêt qu'ils devront rendre une influence*
« *dont la justice n'aura pas à souffrir.* »

Ces lignes inspirèrent aux amis de Rossel la pensée
d'éclairer l'opinion sur le véritable caractère de ce jeune
officier. Ils ont donc réuni dans cette brochure divers
écrits qui montrent chez ce jeune homme un patriotisme
poussé jusqu'à la violence, mais toujours pur.

C'est d'abord une lettre qui fut insérée dans le *Temps*
à l'époque de l'investissement de Metz, puis un mémoire
militaire sur la situation de Metz à la fin de septembre,
enfin deux articles insérés dans l'*Indépendance belge*

après la capitulation et qui viennent d'être réimprimés dans une brochure éditée à Bruxelles.

Par une singulière coïncidence, cette même brochure contient une lettre de Hambourg, écrite par un colonel d'état-major de l'armée de Metz, et dans laquelle on peut lire ces quelques lignes où sont exprimés des sentiments d'indignation contre les incapables et de vengeance contre les Prussiens, sentiments analogues à ceux qui ont précipité Rossel dans les rangs de la Commune : « De « pareilles infamies rendent féroce..... Je me jetterais « aujourd'hui dans les bras des Flourens, n'importe « qui..... pourvu qu'il me donnât un fusil et qu'il pût « me dire : Frappez! Frappez! Vengez-vous!! »

LA DÉFENSE DE METZ

ET

LA LUTTE A OUTRANCE

LA DÉFENSE NATIONALE

Metz, 8 août 1870.

La puissance militaire de la France a été dilapidée : 1° par les réformes apportées à l'organisation de l'armée ; 2° par la division de l'armée active en plusieurs commandements, et sa répartition sur une frontière étendue. « Qui veut tout garder, ne garde rien. » (Napoléon.)

L'ennemi, plus nombreux que nous et plus vite organisé, avait cru, au premier moment, avoir à se défendre et s'est vigoureusement préparé à la défensive. Les règles les plus vulgaires de la politique de la guerre ont été violées par notre ministère, lorsque l'affaire a été engagée ; il fallait être prêt avant d'élever la voix, sous peine de s'attirer un affront.

La guerre une fois décidée, l'armée active a été composée de plusieurs tronçons, beaucoup plus faciles à vaincre qu'un seul corps.

Si l'armée actuelle était perdue, dispersée ou enfermée dans les places, voici de quelles ressources le pays peut disposer :

1° Les régiments qui n'ont pas paru à l'armée ;

2° Les gardes mobiles, qui doivent être *tiercées*, incorporées à l'armée de ligne à raison de deux compagnies par bataillon, tout au plus, et habillées comme la ligne. Les officiers qui ne feraient pas preuve d'aptitude peuvent alors être congédiés sans illégalité ; ils ne sont pas couverts par la loi, et leur nomination a été illégale ; il en est de même des sous-officiers ;

3° Les quatrièmes bataillons et les dépôts, auxquels on doit renvoyer les blessés et tous les hommes qui ont rétrogradé isolément de l'armée pour une raison ou pour une autre ;

4° Les gardes nationales sédentaires, soit tout l'ensemble des citoyens, qui doivent être appelés dans l'ordre suivant : les célibataires âgés de moins de 30 ans ; les hommes mariés de moins de 30 ans ; les célibataires au-dessous de 40 ou 45 ans ; les hommes mariés au-dessous de 40 ou 45 ans. Tout cela doit être *mobilisé* successivement, incorporé aux régiments de ligne, et *tiercé*, c'est-à-dire que chaque régiment, chaque bataillon, chaque compagnie, doit contenir de vieux soldats ;

Les bataillons ainsi formés ne doivent pas dépasser 400 hommes, ils peuvent être provisoirement commandés par 9 officiers formant 6 ou 8 compagnies ;

5° Les hommes de plus de 45 ans formeront des troupes de garnison, et peuvent utiliser les uniformes existant de la garde nationale et de la mobile.

Règle. — Il ne faut pas appeler à l'armée active d'officiers retraités, ni d'officiers réformés, ni même démissionnaires.

En Afrique, les Kabyles peuvent former trois nouveaux régiments de turcos très bons.

Pour la cavalerie, on ne pourra pas faire beaucoup, mais les pays de chasse peuvent fournir des escadrons francs de chasseurs, montés sur leurs chevaux de chasse qu'on leur paierait, et qui suffiront au service d'éclaireurs. Nos généraux ne savent pas grand'chose de ce genre de service. Tout groupe de 50 chasseurs du même pays peut être organisé en corps indépendant, et prendre un uniforme ; un sabre et un revolver, ou un couteau de chasse et un revolver leur suffisent.

La nouvelle armée ayant peu de cavalerie, ne doit pas aborder les pays de plaine, *elle ne doit pas non plus se renfermer dans les places ou les camps retranchés,* elle doit occuper les pays boisés et montueux ; par exemple, si Paris était assiégé, elle pourrait se tenir pendant ce temps vers la forêt d'Orléans, éclairée à grande distance par les chasseurs, qui éviteront tout engagement, et se liant à la Normandie par des corps de 4 à 6,000 hommes, chasseurs à pied si c'est possible. Tous les pays peuvent en fournir (braconniers, gardes-chasses, etc.).

Pour l'armement, la grande portée des armes de l'armée régulière est sans influence dans les pays coupés, d'où la nouvelle armée ne doit jamais sortir. La vitesse du tir des fusils Lefaucheux est suffisante pour toutes les circonstances ; ainsi, il n'y a pas d'autres mesures d'armement à prendre que de faire forger des baïonnettes assez longues pour que le fusil entier ait $1^m,90$ de long, et de faire *braser* des tenons sur les canons de fusil pour tenir ces baïonnettes. Il y a des baïonnettes de chasse très simples et très connues, mais trop courtes.

Pour l'artillerie, tout ancien canon est bon, pourvu qu'on ait 200 boulets de calibre, ou le moyen de les fondre : ne pas s'inquiéter d'avoir des obus, rien que des boulets pleins et dix coups de mitraille par pièce. La grande portée des canons rayés est sans avantage quand le champ de bataille n'a pas plus de 1,000 mètres de large. Donc, toujours, il faut se tenir dans les pays coupés.

Pour les *équipages*, il n'y a pas de ville qui n'ait aujourd'hui de beaux services de camionage et d'omnibus. Les camions et leurs chevaux, avec leurs conducteurs, formeront le train des équipages ; les omnibus seront dételés, et leurs attelages conduiront l'artillerie de campagne.

Pour la stratégie, faire de la chouannerie en grand, tenir les pays de collines boisés, sans se jeter dans les montagnes, où l'on mourrait de faim, ni dans la plaine, où l'on serait vaincu par les troupes régulières de l'ennemi. Fabius, Charles V, sont les plus célèbres exemples de ce genre de stratégie. Ne se laisser jamais renfermer dans une ville. Les pays coupés forment de longues bandes qui relient toutes les provinces et permettent à l'armée nationale d'être maîtresse de tout le pays malgré l'occupation. Marcher plus vîte que l'ennemi, avoir toujours des éclaireurs à la limite de la colline et de la plaine, n'accepter aucun engagement en plaine si l'on n'est pas tout près du pays fourré, et beaucoup plus nombreux que l'ennemi :

Détails d'organisation.

Tous les jeunes gens aisés de la campagne dans les chasseurs à cheval. Tous ceux des villes, à cheval aussi, dans l'artillerie légère. Dans l'artillerie aussi les forgerons, ouvriers en bois, ajusteurs, fondeurs, etc. Tous les bateliers réunis en un seul corps.

Le génie, formé des employés et ouvriers des chemins de fer, avec des ingénieurs pour officiers, et des terrassiers ou laboureurs vigoureux pour la grosse besogne.

Dédoubler ou détripler les bataillons actuels de chasseurs à pied ; pas de zouaves ; beaucoup de turcos.

Pour la guerre comme pour toute entreprise, il faut des

bailleurs de fonds. Il faudrait une première personne ayant assez de crédit pour faire tête aux désastres, et assez de patriotisme ou de jugement pour servir, malgré tout, la cause de l'indépendance nationale et l'intégrité du territoire. Puisque je parle de la question d'argent, qui est très importante, je vous rappellerai que le commerce du pays est une organisation toute prête pour l'administration des finances d'une armée nationale et pour subvenir à tous ses besoins. Avec de bonnes signatures, on fait vivre une armée bien mieux et bien plus économiquement que par n'importe quel procédé de réquisition ou de violence. Les intendants et les comptables se trouvent facilement dans les chambres de commerce. Toute la question d'organisation financière consiste à trouver le bailleur de fonds.

Si la victoire revient à nous, toutes ces indications sont inutiles. Si nous continuons à être malheureux, l'armée perdra beaucoup de monde, parce que nos hommes sont braves et se font bien tuer avant de céder. Il ne faut pas attribuer ces pertes aux nouvelles armes, car ce serait faux. Nous perdrons beaucoup de soldats parce que ce sont de bons soldats, qui ne lâchent pied que lorsqu'ils ont été sévèrement éprouvés. Il faudra donc faire flèche de tout bois, et, pour arriver à présenter aux Prussiens un effectif comparable au leur, organiser et *mobiliser* toute la population jusqu'à quarante ans.

Je me résume à la hâte :

Faire entrer tous les combattants dans les cadres de l'armée de ligne, en répartissant les nouveaux soldats et les nouveaux officiers dans les anciens corps.

Un seul général, une seule armée ; une discipline implacable, appliquée surtout aux gros bonnets.

Il n'y a aucune ville qui ne puisse braver une armée, si elle est défendue par des hommes de cœur. Toute ville de plus de 10,000 âmes peut obliger l'ennemi à la prendre de vive force par un combat de rues, où il perdra dix fois plus de monde qu'il n'en tuera. Toute ville de 3,000 âmes, qui a une vieille enceinte, même détruite en partie, peut en faire autant si elle est soutenue par les populations rurales des environs, qui doivent y aller avec leurs fusils et leur blé.

Rappeler souvent aux populations que les menaces de l'ennemi contre ceux qui servent la cause nationale sont le plus souvent illusoires, et ne doivent pas les intimider.

ROSSEL.

(Extrait du journal *le Temps* du 10 août.)

LA SITUATION MILITAIRE A METZ

LE 26 SEPTEMBRE 1870 (1)

Les opérations militaires de ces deux derniers mois ont conduit la France à une situation que plusieurs considèrent comme désespérée. La place de Metz en particulier, dont l'évacuation serait la perte de la Lorraine, voit sa résistance limitée à un temps très court par le défaut de vivres ; l'armée enfermée dans le camp retranché de Metz semble avoir, provisoirement du moins, renoncé à l'action ; elle partagera le sort de la place et de la ville, dont elle précipitera la chute sans avoir contribué par des efforts énergiques et incessants à rendre cette conquête plus coûteuse à l'ennemi. En dehors du camp retranché de Metz, la situation n'est pas plus rassurante : les places frontières sont bloquées ou prises ; aucune armée ne tient plus la campagne ; douze départements au moins sont envahis ; enfin l'ennemi est devant la Capitale, dont la prise peut décider du sort de l'empire.

Les raisons ne manquent donc pas pour considérer la situation comme alarmante ; mais il importe d'autant plus de ne pas abandonner la partie. *Les chances de succès sont faibles ; mais il en existe* que l'on ne doit pas négliger ; nous allons les examiner principalement au point de vue de la place de Metz et de l'armée enfermée dans le camp retranché. Deux motifs nous obligent à adopter ce point de vue restreint : d'abord l'impossibilité où nous sommes d'influer

---

(1) Ce mémoire a été présenté à toutes les personnes qui s'intéressaient alors à la défense de Metz : il avait été rédigé, en principe, pour être présenté au maréchal Bazaine.

sur les événements qui se passent à l'extérieur, ensuite cette considération capitale, que l'armée du maréchal Bazaine est la dernière armée régulière de la France, et que la perte de cette armée et de ses cadres met la France pour de longues années au-dessous des états de troisième ordre, comme puissance militaire.

On peut espérer vaincre les Prussiens, parce que leurs troupes ne sont pas très bonnes ni très aguerries, comme tout le monde le sait et surtout parce que leurs généraux sont, tout considéré, des généraux assez ordinaires, *capables de fautes graves* contre la science militaire, comme je vais le prouver par deux exemples saillants.

Le premier de ces exemples, emprunté à la bataille du 18 août, prouve que les généraux prussiens peuvent être battus par la tactique. Leur but était de rompre notre aile droite pour s'opposer au dessein qu'ils devaient attribuer à l'armée de s'éloigner de Metz par la route de Briey. Pour atteindre ce but, ils ont marché de leur droite vers leur gauche pendant toute la journée, à moins de 2,500 mètres de notre ligne de bataille, par le chemin d'Ars, Gravelotte, Vernéville et Sainte-Marie-aux-Chênes. Les tirailleurs de la droite du 3ᵉ corps occupant le bois des Géniveaux ont assisté à cette marche depuis midi ; le 4ᵉ et le 6ᵉ corps l'ont vue ouvertement toute la soirée jusqu'au moment où ils ont été accablés. Le mouvement des Prussiens a brillamment réussi; mais on peut dire avec certitude que de midi à quatre heures ils se sont trouvés en flagrant délit de violation des règles les plus nécessaires de la tactique et que, attaqués pendant cette marche de flanc soit à Gravelotte, soit plutôt à Vernéville ou à Habouville, ils eussent été vaincus à la honte de leur général.

Le second exemple est tiré des positions actuelles des deux armées. Les Prussiens ont formé l'entreprise invraisemblable de tenir une armée de 100,000 hommes environ enfermée dans un cercle de quatre lieues de diamètre, et cette entreprise les oblige à se retrancher dans des lignes de douze lieues de développement qu'ils renforcent sans cesse et qui seront toujours trop faibles, et à répartir leurs camps sur un cercle de dix-huit lieues de parcours, divisé en trois tronçons par trois bras de rivières. Une pareille entreprise témoigne chez nos ennemis ou d'une grande confiance dans leur valeur et dans notre inertie, confiance justifiée jusqu'à ce jour par les événements, ou d'une certaine ignorance des parties élevées de l'art de la guerre, ce qui est peut-être la véritable explication de leur conduite.

D'autres considérations encore nous permettent d'espérer la victoire, c'est qu'il y a dans l'armée bloquée beaucoup de bons régiments, dont la tenue est régulière, les camps en bon état, le service fait avec exactitude. La garde tout entière, à laquelle on fait trop de reproches, est un corps recruté avec soin, bien conservé jusqu'à ce jour, et dont on peut attendre des services exceptionnels. Il y a dans l'armée des divisions entières du Mexique, dont les régiments sont encore remplis des traditions de cette périlleuse campagne, rompus aux marches et aux détails de la guerre, et que nul accident ne pourra étonner, que nul désastre ne pourra abattre. La cavalerie s'est battue avec intrépidité lorsqu'elle a été engagée : il suffit de citer la conduite des cuirassiers de la garde le 16 août, les charges du 2ᵉ hussards dans la même journée, et la manière dont les chasseurs d'Afrique ont couvert, dans la soirée du 18, la retraite du 6ᵉ corps. Enfin l'artillerie est, de toute l'armée, la troupe la mieux instruite et dont les cadres ont le plus de consistance ; les reproches qui lui ont été adressés portent surtout sur l'insuffisance de son matériel, mais cela ne suffit pas à expliquer nos malheurs, il faut les attribuer surtout aux mauvaises conditions tactiques dans lesquelles ont été engagées nos batteries. Tout considéré, l'armée réunie aujourd'hui dans le camp retranché de Metz, malgré le défaut d'instruction des réserves, malgré l'affaiblissement des chevaux, malgré la légère infériorité du matériel d'artillerie, est un des plus beaux instruments de puissance militaire qu'un pays puisse posséder. Suffisamment nombreuse encore pour la nature du pays où elle opère et l'étendue des champs de bataille de la contrée où se décidera sa fortune, elle est assurée contre l'éventualité d'un échec par l'appui du camp retranché de Metz qui lui offre, en cas de malheur, un lieu de refuge inattaquable.

J'ai dit qu'*on peut vaincre les Prussiens*. Voici maintenant les moyens de les vaincre.

Le premier moyen et le plus nécessaire est la réorganisation du commandement et des états-majors dont l'insuffisance est surabondamment prouvée. En recherchant les causes de nos malheurs, en interrogeant les témoins de nos désastres, on trouve partout et toujours cette réponse. « Il n'y avait pas d'ordres. » — Pourquoi, le matin du 15 août, Metz était-il sans garnison, les portes ouvertes, les ouvrages avancés vides, Montigny et le Sablon insultés par les uhlans? « Il n'y avait pas d'ordres. » — Pourquoi l'armée, après avoir traversé la ville du 13 au 15 août avec le désordre et les désastreuses lenteurs dont tout le monde a été témoin, était-elle répandue le 16 à dix heures du matin sur une ligne décousue de dix-huit kilomètres de longueur, de Bruville au fort Moselle? « C'est que les ordres de marche avaient été mal donnés, trop peu explicites et trop peu étudiés par les états-majors des divisions. » — Pourquoi, le 16, la position décisive de la batterie de Vionville n'a-t-elle pas été enlevée, à la faveur du bois, par l'infanterie de la division Tixier? « Il n'y avait pas d'ordres, » et les bataillons qui avaient, pour ainsi dire, touché avec la main le but décisif ont dû l'abandonner avant que le commandement eût pris un parti ou fait connaître ses intentions. — Pourquoi, le 18, nos troupes ont-elle contemplé, comme une parade, sans l'inquiéter ni le comprendre, le téméraire mouvement de flanc des Prussiens? Pourquoi, le même jour, la Garde est-elle arrivée trop tard au secours de l'aile droite compromise? Pourquoi, n'ayant pu prendre part à l'action, n'a-t-elle pas gardé le champ de bataille? Pourquoi les corps entamés (le 6ᵉ et la droite du 4ᵉ) sont-ils restés si longtemps dans une position débordée par l'ennemi et si impossible à tenir, que leur retraite semblait une déroute ? A tout cela la réponse est la même : « Il n'y avait pas d'ordres. » C'est encore pour le même motif que le 1ᵉʳ septembre les quelques braves gens qui tenaient les villages enlevés la veille à l'ennemi ont été écharpés faute d'être soutenus ou rappelés à temps.

Si le commandant de l'armée veut une fois faire des opérations militaires sérieuses, il faut à tout prix, et comme mesure préliminaire, qu'il brise cet éternel obstacle à l'exécution de ses ordres : généraux sans énergie et états-majors ignorants.

Il faut *que les commandements de corps d'armée soient supprimés*, parce qu'un commandant de corps d'armée a trop de puissance en main pour n'avoir pas des velléités d'indépendance, et que, dans une armée de moins de 120,000 hommes, cette trop grande indépendance affaiblit outre mesure le chef de l'armée et peut ruiner ses combinaisons.

Il faut *que les généraux soient remplacés*, et qu'une mesure arbitraire, justifiée par une situation sans précédent, déplace le commandement des divisions et des brigades. Pour une cause ou pour une autre, l'armée manque de foi dans ses généraux. Il faut donc que le chef de l'armée avise et prenne des mesures pour mettre à la tête des troupes des hommes dont le talent ou tout au moins l'énergie ne puissent être contestés.

Quant aux *officiers d'état-major*, à l'exception de quelques spécialistes, il faut qu'ils rentrent dans les corps de troupes et cèdent la place à des officiers moins instruits peut-être, mais à coup sûr moins décriés et moins compromis dans nos défaites.

Les *armes spéciales* ont reçu, dit-on, une direction insuffisante : il est incontestable qu'elles contiennent beaucoup d'officiers éminents dont on n'a pas jusqu'à présent tiré parti. Il suffit de citer, dans l'artillerie, le commandant M., inventeur de la meilleure fusée percutante connue ; le commandant T., qui a fait toutes les expériences de balistique de ces dernières années; le commandant S., qui a la plus grande part dans l'invention des mitrailleuses ; il est grandement temps d'enlever de tels officiers aux fonctions insignifiantes qu'ils exercent pour les mettre à même d'apporter à notre artillerie les modifications urgentes qui peuvent diminuer son infériorité. Dans le génie, le commandant V. est le plus éminent théoricien de fortification de notre époque, et ses écrits ont arraché le suffrage jaloux du Comité des inspecteurs généraux de l'arme; le lieutenant-colonel G. connaît dans tous les détails la topographie de la contrée et l'organisation du service topographique, si défectueux dans nos dernières opérations. Ces officiers, présents à Metz, ne sont employés ni à la Place, ni à l'armée. Des anomalies semblables se remarqueraient dans le corps d'état-major.

La *seconde mesure à prendre* pour mettre l'armée en mesure de se mouvoir avec succès, est le *rétablissement de la discipline,* qui a dépéri depuis de longues années par des causes qu'il est inutile d'énumérer et qui a diminué encore pendant cette campagne, par suite de l'insouciance des officiers les plus élevés en grade, de l'intrusion dans les bataillons de l'armée des soldats dits *de la réserve* qui n'avaient pas encore contracté l'habitude de la discipline, et enfin du relâchement qui a été la suite nécessaire d'abord de nos défaites, aujourd'hui de notre oisiveté.

Les moyens à employer sont d'abord la simplification et l'accélération des rouages de la justice militaire ; des exemples sévères et rapides qui seront d'autant plus efficaces qu'ils atteindront des coupables plus haut placés ; une police attentive des camps et de la ville, frappant sommairement de peines rigoureuses les désordres de toute nature et les attentats à la propriété publique et privée.

Il faut de plus que toute l'armée soit occupée chaque jour

et toute la journée. Lorsqu'une division n'aura pas à marcher, manœuvrer ou combattre, elle devra être employée aux travaux des voies de communication ou du camp retranché, avec des jours de repos convenablement espacés et consacrés aux soins domestiques, de propreté, etc. Ce moyen est le plus efficace pour rétablir la discipline. Il faut aussi que tous les règlements soient strictement observés.

Une fois le commandement transformé et les premières mesures prises pour rétablir la discipline, on peut espérer mettre l'armée en mouvement. Mais comme il faut plus d'un jour pour prendre les mesures nécessaires à l'accomplissement des opérations étendues, *on devra commencer par des petites opérations* du genre des reconnaissances offensives et des coups de main. Par là, on élargira le rayon d'action de l'armée; on pourra acquérir sans pertes notables une connaissance complète des positions et des forces de l'ennemi et des moyens de l'aborder; on rendra de la solidité aux troupes et on les habituera à leurs nouveaux chefs. On pourra avoir la bonne fortune de ruiner quelques établissements importants de l'ennemi. Enfin on profitera de ces opérations pour poser des batteries retranchées sur quelques points qu'on a négligés jusqu'à ce jour et qui sont aussi utiles à l'attaque qu'à la défense. Tels sont les contreforts du plateau des Carrières, qui battent le débouché des vallées de Moulins et de Rozérieulles ; la pointe ouest du Saint-Quentin, l'angle sud-ouest du plateau de la Haute-Bévoie au-dessus du chemin de fer ; l'importante position de Mercy-le-Haut, la Belle-Croix, le bois en avant de Mey et la position d'artillerie qui le commande.

Les petites opérations dont j'ai parlé doivent être faites avant le lever du soleil par de l'infanterie peu nombreuse, mais bien éclairée ; selon leur issue ou leur importance, elles doivent être terminées au lever du soleil ou dans la matinée sous la protection d'un peu de cavalerie légère et d'artillerie. La préoccupation principale des commandants de ces opérations sera de ne pas exposer leurs troupes au feu de l'artillerie ennemie ; de semblables colonnes doivent être accompagnées de canonniers et de sapeurs armés de masses, d'artifices et d'outils pour détruire ou détériorer les travaux et les canons de l'ennemi dont on serait maître quelques instants. Ces surprises de nuit sont permises à cause de l'étendue démesurée des lignes de l'ennemi qui sera obligé à de très grandes fatigues pour s'en préserver.

Les travaux de fortification à exécuter à la faveur de ces opérations doivent être faits, comme l'ennemi nous en donne l'exemple, à grand renfort de travailleurs. Le type de ce genre d'entreprises est l'ouverture de la tranchée devant une place assiégée ; les travailleurs en armes, protégés par leur tranchée, peuvent continuer sans danger. C'est l'affaire de trois ou quatre jours d'élever ainsi des batteries redoutables.

Le *service des grand'gardes* et des *postes avancés*, qui se faisait avec une ignorance révoltante au début du séjour de l'armée à Metz, s'est régularisé depuis sans s'améliorer. On ne se garde pas d'assez loin, et on met trop de sentinelles en présence de l'ennemi. On fatigue ainsi la troupe sans être à couvert d'une surprise. Il faut que le terrain compris entre les batteries ennemies et le camp retranché soit également partagé entre les postes des deux partis ; ce qui arrivera dès qu'on aura infligé quelques leçons aux sentinelles et aux petits postes de l'ennemi qui sont trop aventurés. Alors on devra porter au dehors de nos tranchées jusqu'à 1,800 mètres au moins et plus loin si l'ennemi le permet, une triple chaîne de grand'gardes, postes avancés et sentinelles. L'absence de ces précautions est peut-être la plus éclatante preuve de la démoralisation et de l'insuffisance du commandement. On tire trop et on ne se garde pas assez.

C'est ainsi que l'on doit préluder par de petites entreprises aux *opérations de grande tactique* qui doivent entraîner le *déblocus de Metz*, la *mise en mouvement de l'armée* et la *défaite de l'ennemi.* Ces trois résultats sont solidaires, et l'imagination s'égare lorsqu'elle les sépare. L'armée ne peut pas s'éloigner sans avoir remporté un avantage très marqué sur l'armée qui lui est opposée, et cet avantage a pour conséquence le déblocus de Metz et très probablement celui des places situées dans un rayon de trois ou quatre jours de marche.

Mais pour qu'une pareille pensée cesse d'être une chimère, il faudra que plusieurs jours aient été employés par l'armée et la population avec une énergie virile, avec une industrie infatigable.

Toutes les *voies de communication de l'intérieur de la ville et du camp retranché* devront avoir été reconnues et complétées de manière que l'armée puisse rapidement, sans erreur et sans bruit, se porter d'un bord à l'autre de la Seille ou de la Moselle, afin de se présenter inopinément et en masse au point où elle aura résolu d'agir.

Des *ambulances nouvelles* sur des emplacements nouveaux auront été préparées, personnel et matériel. On peut en mettre à Longeville, Plappeville, Tignomont, au Ban-Saint-Martin, à Devant-les-Ponts, Woippy, Saint-Julien, Vallières, Plantières, Queuleu, au Sablon et à Montigny. On se rappellera aussi que le soin des blessés n'est qu'une considération de second ordre, à côté des immenses intérêts d'humanité qui incombent aujourd'hui à l'armée et à la ville.

Toute la *fonte disponible dans Metz sera transformée en projectiles; nos projectiles doivent pour cela être simplifiés :* c'est là une question de détail; il y a dans l'armée plus d'un officier d'artillerie capable de la résoudre et d'improviser, avec peu d'expériences, les tables de tir des projectiles nouveaux. Les mêmes officiers appliqueront leurs connaissances à tracer des fusées de projectiles d'une construction rapide et même, au besoin, des fusées en bois. La population fournira, sous la direction de l'artillerie, le personnel nécessaire à ces fabrications.

Les ateliers actuels de *fabrication de cartouches* seront dédoublés ou détriplés, des ateliers nouveaux seront créés. La lenteur désolante qui caractérise aujourd'hui cette fabrication tient au vice du commandement actuel et aura disparu avec lui.

L'*organisation militaire de la population* aura dû être modifiée par des mesures d'incorporation telles que l'état de siége les comporte, ayant pour effet de faire entrer dans les dépôts des corps toute la garde mobile qui n'est pas encore instruite et tous les réfugiés des départements voisins qui sont en âge de faire un service actif; par les mêmes mesures, on étendrait les cadres de la garde nationale qu'on rendrait plus utile en lui donnant les rations militaires et en constituant des compagnies mobiles pourvues d'effets de campement et destinées à rendre des services dans toute l'étendue du camp retranché.

L'*organisation de l'armée* n'est pas non plus appropriée au rôle qu'elle doit jouer. Conçue pour des opérations gigantesques étendues sur un vaste échiquier, la répartition en corps d'armée est absolument défavorable à l'unité d'action dans une armée peu nombreuse et opérant sur un échiquier essentiellement restreint. Mais si, d'une part, les états-majors des corps d'armée et tout ce qui leur est propre doivent rapidement disparaître, il importe également, d'autre part, de *réduire le nombre des divisions* pour simplifier le mécanisme du commandement. D'après les effectifs actuels des régiments, on doit se réduire à sept ou huit divisions d'infanterie, y compris la garde formant une division. Il ne faut pas craindre de porter les divisions à trois brigades et les brigades à trois régiments; par contre, on doit être attentif à ne pas présenter à l'ennemi des bataillons réduits à 3 ou 400 hommes; chaque bataillon doit se compléter à 7 ou 800 hommes effectifs, soit 6 à 700 hommes présents, de sorte que la plupart de nos régiments, tout en conservant l'organisation à trois bataillons, doivent condenser leurs forces en deux bataillons réels.

L'emploi des *bataillons de chasseurs à pied*, dans les circonstances actuelles, est déterminé par le genre de guerre que nous font les Prussiens ; il faut les réunir sous des commandements spéciaux en trois ou quatre brigades mixtes, comprenant tous les chasseurs à pied et presque tous les chasseurs à cheval de l'armée et chargées des grandes reconnaissances, ainsi que de toutes les opérations un peu divergentes.

La *cavalerie*, qui n'a guère été envisagée jusqu'à ce jour qu'au point de vue de l'alimentation, pourrait rendre de grands services en toute circonstance. L'emploi que les Prussiens ont fait de leurs uhlans dans la guerre actuelle peut passer pour un modèle, ce serait déjà beaucoup de les imiter ; mais notre cavalerie peut faire mieux encore. Formés en brigades mixtes de huit ou dix escadrons et de deux ou trois bataillons, nos chasseurs doivent assurer la sécurité de l'armée, répandre l'inquiétude sur toute l'étendue des cantonnements ennemis et nous préserver de ces honteuses surprises qui font presque toute l'histoire de la guerre actuelle.

La *grosse cavalerie*, divisée en brigades, ne peut rendre que des services insignifiants. Groupée en une forte division avec un ou deux régiments de lanciers pour les services accessoires, elle doit jouer un rôle décisif. Le plateau de Moscou, la plaine à l'ouest de la route d'Augny, l'arête de terrain qui s'étend de Grimont à Sainte-Barbe sont des espaces éminemment propres au jeu de la grosse cavalerie. Tous les régiments de cette arme doivent marcher avec la garde, groupés en une division qui comprenne aussi les cuirassiers de la garde et les carabiniers.

Les *lanciers* doivent être ménagés à cause de leur petit nombre et des services variés qu'ils peuvent rendre. Les *dragons* peuvent être les premiers sacrifiés aux nécessités qui nous accablent ; à mesure qu'ils seront démontés, on doit en former, par régiment, des compagnies de 120 hommes et

4 officiers; ces compagnies, groupées en bataillon, seront bientôt une bonne infanterie légère.

L'effectif des *batteries d'artillerie* doit, à tout prix, être complété aux dépens des autres armes : il faut y verser des soldats déjà instruits de l'infanterie ou du train, et y mettre à la suite les cadres de l'artillerie de la garde mobile. L'affaiblissement des chevaux nous interdit l'espoir d'avoir une artillerie très manœuvrière, mais on pourra cependant la présenter à l'ennemi avec succès si on ne la dissémine pas et si l'on choisit des terrains où l'ennemi perde l'avantage de sa portée plus considérable. Il faudrait que chaque batterie de 4 fût de huit pièces. Il faut surtout que sur le champ de bataille l'artillerie entière soit soustraite à l'action des généraux de division et obéisse au général en chef par l'organe du commandant de l'artillerie de l'armée.

Le seul examen de l'organisation de l'artillerie, des calibres, des approvisionnements, pourrait faire l'objet d'un mémoire étendu. Les vues erronées qui ont prévalu depuis des années dans l'organisation de cette arme viennent d'être chèrement expiées : quelques jours ne suffisent pas pour remédier à tout ; mais on aura beaucoup fait lorsqu'on aura complété les effectifs et requis pour l'attelage tous les chevaux de l'armée et ceux du camionnage.

Un seul mot encore sur l'artillerie : il est possible de conduire sur le champ de bataille des pièces du calibre 24 ; mais il faut avoir pour cela la ferme résolution d'écarter toutes les objections et toutes les résistances. Un équipage de vingt pièces de 24 approvisionnées à 150 coups par pièce exigerait cinq batteries servant chacune quatre pièces et attelant vingt-deux voitures dont deux voitures de bois de plates-formes. Cet équipage marcherait avec la garde.

Ces longs préliminaires ne doivent occuper que peu de jours ; car la durée de notre résistance est limitée. Quatre ou cinq jours tout au moins seraient le temps strictement nécessaire, au bout duquel il faut que l'armée entreprenne les *grandes opérations tactiques* qui peuvent différer ou empêcher la ruine du pays.

Il y a autour de Metz, dans la zone d'action tactique des forts, *cinq champs de bataille bien distincts;* deux sur la rive gauche et trois sur la rive droite, dont un entre Seille et Moselle. L'un ou l'autre de ces champs de bataille peut être choisi pour théâtre d'une action décisive; mais le choix dépend de considérations étrangères à ce travail. Les uns et les autres sont assez étendus pour qu'on puisse y mettre en action une armée de 60 à 100,000 hommes, assez étroits pour qu'une telle armée puisse y lutter sans désavantage contre des forces supérieures. Il n'est pas inutile de remarquer, à ce propos, que l'entreprise du blocus de l'armée française dans le camp retranché de Metz, quoique couronnée de succès jusqu'à ce jour, est en elle-même une entreprise vicieuse: elle force en effet les Prussiens à accepter la bataille dans les positions qu'ils ont retranchées à deux lieues de la ville, sur des champs de bataille favorables aux Français à cause de l'appui inébranlable que leur prêtent les forts. L'idée d'affamer 100,000 hommes par un blocus régulier est actuellement une idée fausse, dont l'ennemi sera puni par un désastre le jour où nous serons revenus à l'application des saines maximes de la guerre.

J'examinerai d'abord *le champ de bataille de la rive droite en aval de la Moselle,* entre la Moselle et le contrefort de Grimont à Sainte-Barbe. Ce terrain est presque sans relation avec les champs de bataille voisins, parce que ses deux flancs sont appuyés à la Moselle et au fort Saint-Julien, ce qui empêche de le tourner, et que les terrains latéraux, à gauche de la Moselle et au sud de la route de Sainte-Barbe, sont trop bas pour que l'artillerie que l'ennemi y placerait puisse intervenir. C'est ce champ de bataille qui est le plus favorable à l'armée bloquée et qui lui permet d'engager le moins de monde; mais la victoire n'y donnerait pas des résultats décisifs.

Le champ de bataille compris entre Saint-Julien et Queuleu, et que l'on peut nommer le champ de bataille de Borny, a des défauts qui empêcheront les deux adversaires de s'en servir efficacement. Les Prussiens trouveront que les deux forts offrent aux Français une retraite trop assurée, en cas de défaite. Les Français lui reprocheront de les entraîner jusqu'aux bords de la Nied sans leur garantir un résultat utile en cas de succès.

Le champ de bataille entre Seille et Moselle est très rétréci et soumis a la double influence des hauteurs de Vaux sur la rive droite, et, sur la rive gauche, des hauteurs de Pouilly où l'ennemi possède des batteries : c'est un grave inconvénient, mais la route de Metz à Augny, principale communication de ce champ de bataille, est à peu près soustraite à ces actions latérales. L'attaque du Saint-Blaise est très-favorable au jeu de l'infanterie parce que la raideur des pentes empêche qu'elles soient battues par le canon : c'est là un avantage pour nous aussi longtemps que nous n'aurons pas confiance dans notre artillerie. Enfin les troupes de l'ennemi qui viendraient de l'autre côté de la Seille seront forcées de déboucher par les ponts de Marly et de Cuvry, par les gorges d'Ars et par le défilé de Corny à Fey, conditions très désavantageuses pour les Prussiens. Une victoire des Français sur ce terrain pourrait être très funeste à l'ennemi et déranger toutes ses entreprises.

Le champ de bataille des Plateaux, situé en amont sur la rive gauche, est le plus intéressant et le plus compliqué des cinq. Semé de bois dans toute son étendue, il présente sur la gauche la ligne redoutable des hauteurs de Vaux, Jussy, Rozérieulles et Châtel, couronnées par l'ennemi. Le centre est étranglé par les bois de Châtel et de Saulny, la droite, formée de bois et de ravins profonds, est inaccessible. C'est cependant ce champ de bataille qu'il faudrait choisir pour infliger à l'ennemi un désastre complet. La gauche en est très abordable parce que chacun des mamelons qui forment la ligne de défense de l'ennemi ne tire sa puissance que des feux croisés des mamelons voisins, et ne peut se défendre lui-même à cause de la raideur des pentes qui empêche le tir : il en résulte que si la batterie de Vaux est tournée ou enlevée, les pentes de Jussy ne sont plus battues et peuvent être abordées ; à leur tour, les batteries de Rozérieulles tombent par la prise de Jussy, et le bois de Châtel est pris à dos. Il n'est donc pas impossible à l'armée française de prendre pied sur le plateau de Moscou ; mais c'est là que les difficultés commencent à cause de la grande étendue de ce champ de bataille dont la clé est à Saint-Privat et à Amanvillers. Aussi l'armée française ne peut se risquer sur ces plateaux que si elle est assurée du nombre insuffisant ou de la faiblesse morale de l'ennemi. Le prix de la victoire pourrait être la destruction de l'armée prussienne entre l'Orne et la Moselle.

Le champ de bataille d'aval de la rive gauche entre Woippy et Sémecourt est peu intéressant, parce qu'il est dominé des deux côtés et ne peut être abordé que de front. Il ne s'y passera que des événements secondaires.

Nous avons examiné les principaux traits de la situation. Avec de l'énergie, une volonté inébranlable et quelque prudence, on peut en sortir avec honneur. Mais ceux qui prévoient tout et qui veulent tout savoir demandent : *Que fera l'armée si elle sort de Metz ?* — A cela l'on pourrait répondre : *Elle fera ce qu'elle pourra ; mais il faut qu'elle sorte.* J'irai plus loin et j'examinerai les principales solutions de cette question indiscrète.

L'armée peut *marcher droit sur Paris.* Ce serait une faute ; selon toute probabilité, elle serait battue en route.

Elle peut *débloquer les places de la Lorraine et de l'Alsace,* se créer des ressources de toute nature et attendre, en se remettant de ses souffrances, que l'ennemi repasse de ce côté.

Elle peut *se jeter sur les provinces du Rhin,* dégarnies de troupes, les désoler, en exprimer tout l'argent et toutes les subsistances; elle peut même essayer ce que feront la surprise, l'étonnement, la terreur, sur les places fortes de ces provinces. De semblables coups de main sont souvent heureux.

Elle peut *gagner les places du Nord* pour s'y refaire, se rapprocher de Paris, ou faire une opération analogue par Epinal et Langres, après avoir débloqué Strasbourg.

Enfin elle peut *se réfugier à grandes journées de marche jusque derrière la Loire* et organiser la défense du centre de la France, tout en menaçant les forces ennemies rassemblées sous Paris ou à Paris.

Il serait puéril de s'appesantir davantage sur des éventualités aussi éloignées. Tout le monde est convaincu de la gravité de la situation, tout le monde cherche les moyens d'en sortir; j'ai prouvé que ces moyens sont dans nos mains.

Jamais les circonstances n'ont été plus impérieuses; jamais plus pressant devoir ne s'est imposé à une armée et à une population. Les jours, les heures de notre résistance sont comptés: il nous appartient de rendre cette résistance honorable ou honteuse, efficace ou stérile.

ROSSEL.

Metz, 26 septembre 1870.

HISTOIRE DE LA CAPITULATION DE METZ

Bruxelles, 2 novembre 1870.

Metz est rendu : la plus honteuse capitulation que l'histoire militaire ait jamais enregistrée a mis aux mains des Allemands une forteresse intacte, gardée par une armée intacte, et dans cet éclatant désastre de l'honneur militaire français, aucune apparence même n'a été sauvée. De ses cent régiments, de ses cent généraux, de ses forts superbes, de son immense matériel de guerre, Bazaine n'a rien sauvé : la capitulation ne lui a rien laissé que ses bagages.

J'ai quitté Metz à l'heure où les Prussiens y entraient, et convaincu que je servirais plus utilement mon pays en appelant le grand jour de la publicité sur les tristes événements dont j'ai été le témoin, qu'en allant immédiatement reprendre les armes, j'ai résolu de consacrer quelques jours à publier mes souvenirs et mes notes, à provoquer la discussion, à y répondre, à démontrer enfin que l'armée a été démoralisée et perdue par ses chefs eux-mêmes, et que la place a été criminellement rendue avec ses fortifications entières, ses munitions et son matériel.

Voici un résumé succinct de l'histoire du commandement de Bazaine.

On se rappelle que lorsque l'Empereur quitta, vers le 10 août, le commandement de l'armée du Rhin, il y eut en France un soulagement général. La campagne du Mexique avait mis en évidence les qualités militaires du maréchal Bazaine, on avait confiance en lui, l'armée ne demandait qu'à lui obéir.

La retraite commencée à Forbach fut continuée au-delà de la Moselle, retardée un instant par l'engagement du 14 août, appelé bataille de Borny, et arrêtée par la bataille du 16 août, à laquelle on a donné les noms de Mars-la-Tour, Vionville, Rezonville et Gravelotte, mais à laquelle il convient de conserver le nom de bataille de Vionville, à cause de la situation de la batterie prussienne qui décida du sort de la journée.

Le 16 août, l'armée française fut, comme d'habitude, surprise dans son camp; elle était en flagrant délit de marche, étendue sur deux routes éloignées l'une de l'autre, et présentait le flanc aux défilés par où déboucha l'ennemi. Jusqu'à huit heures et demie du soir, les régiments français et les batteries françaises vinrent successivement se présenter devant la position de l'ennemi, devenue une position défensive ; chacune des deux armées conserva à peu près son champ de bataille, mais le général français consacra le succès stratégique des Prussiens en retirant son aile droite à quatre lieues vers le nord, et sa gauche à deux lieues vers l'est, et occupant sur les plateaux d'Amanvillers une longue position de bataille qui fut un peu retranchée.

C'est là qu'il fut attaqué de nouveau le 18 août; préoccupé de sa gauche, dont la perte (à ce qu'il lui semblait) l'aurait séparé de Metz, il resta de sa personne au village de Lessy, et concentra sa garde et sa cavalerie autour de lui. Pendant ce temps, son aile droite, accablée à Saint-Privat par tout l'effort des Prussiens, était mise dans une déroute complète. Aucune réserve n'avait donné.

Le 14 et le 16, on avait chanté victoire, tout en abandonnant les positions où l'on avait combattu ; le 18, cette fraude n'était plus possible : la déroute manifeste de deux corps d'armée, l'investissement complété par la perte de la route de Thionville, étaient des témoignages trop assurés de notre malheur.

C'est alors que commença la période d'inaction où a péri l'armée. Les troupes furent réparties dans le camp retranché et ébauchèrent précipitamment quelques retranchements informes. Puis, comme les Prussiens n'attaquaient pas, on se remit en mouvement. Le 26 août, par une pluie torrentielle, les troupes furent massées à grand'peine sur la rive droite de la Moselle; on passa le jour à tenir conseil, et on les renvoya à leurs campements. Le 30 août, nouvel ordre, suivi d'un contre-ordre immédiat. Le 31 août, à trois heures du matin, on entreprend de se concentrer sur la rive droite; à huit heures du matin, on présente quelques têtes de colonne à l'ennemi, puis on s'arrête jusqu'à quatre heures du soir, tandis que l'ennemi se masse entre Sainte-Barbe et Argancy. Enfin on permet au soldat d'attaquer; jusqu'à onze heures du soir, des combats partiels, soutenus par des troupes du 3ᵉ et du 4ᵉ corps, se prolongent dans les villages entre Noisseville et Rupigny. Avant l'aube, le feu reprend, mais les troupes engagées ne reçoivent pas d'ordres; les réserves, massées vers Saint-Julien et Grimont, se préparent à soutenir une attaque; le feu d'artillerie des Prussiens se fait entendre presque seul. Enfin, vers onze heures du matin, on se met en retraite. Le deuxième corps (Frossard) couvre la retraite avec d'autant plus de succès que personne ne l'attaque, et chaque troupe rentre à son camp.

Tel fut le terme des opérations militaires de Bazaine. Il n'avait pas été un seul instant le maître de son armée. Il avait écouté sans doute les objections de l'artillerie, celles du génie, celles de ses lieutenants : l'état-major surtout lui avait fait défaut : traverser la Moselle sur six ponts différents était déjà pour cet état-major une opération trop compliquée. Aussi est-il probable que, sur le champ de bataille, Bazaine ne voyait que les deux kilomètres qu'il avait sous les yeux, ce qui est suffisant pour un général d'Afrique ou du Mexique, mais tout à fait insuffisant pour l'homme qui prétend faire battre cent mille hommes sur un front de trois ou quatre lieues.

Mal servi, incapable de se débarrasser des auxiliaires insuffisants qui lui rendaient le commandement impossible, Bazaine renonça, en quelque sorte, à commander. Ignorant lui-même des règles de la guerre, il ne vit d'autre issue à sa situation que des secours de l'extérieur; il attendit Mac-Mahon, et il le fit savoir à la ville et à l'armée. Le 9 septembre, il devint impossible de cacher à l'angoisse publique que Mac-Mahon était perdu.

Le deuil public fut aussi grand qu'avait été grande l'incrédulité. Les lâches (je pourrais en nommer) commencèrent à murmurer le mot de capitulation. L'armée ne pouvait s'habituer à l'idée que 80 mille Français avaient mis bas les armes. Quant à la situation politique, on attendit l'ordre des chefs, et cet ordre ne vint pas ; personne, d'ailleurs, n'était soucieux de provoquer des préoccupations politiques, personne, excepté un seul homme dans l'armée, excepté celui qui avait la charge de la défense du pays.

C'est alors que, cherchant à fonder sa fortune sur la défaite de sa patrie, Bazaine engagea avec la diplomatie prussienne ce duel d'intrigue et d'infamie dans lequel il fut si justement et si complétement battu. On sait quels avaient été au Mexique les antécédents de ce général, on sait ses ménagements multiples, ses velléités d'indépendance. On sait qu'il avait été jugé digne de commander l'armée de Paris lorsque la politique intérieure s'était compliquée. Lorsque l'empereur abandonna le commandement, évincé presque par ses lieutenants, on se souvint du Mexique et de l'ambition de Bazaine. Enfin, la chute de l'empire vint lui créer une situation absolument indépendante ; s'il avait eu alors le talent qui est la déplorable excuse de ces ambitions déplacées, il aurait usé avec énergie de son souverain pouvoir, écarté les vieillards et les incapables, armé 35,000 hommes valides qui sont demeurés inutiles jusqu'à la fin du siége. Il aurait aguerri son armée, il l'aurait disciplinée par le travail et par des exemples sévères, et il serait sorti du blocus de Metz vaincu peut-être, mais l'homme le plus puissant de France.

Heureusement pour la cause éternelle de la liberté et de la justice, Bazaine fut aussi incapable qu'il était ambitieux. Loin de se faire redouter de l'ennemi, il en accepta, dès le début, des complaisances compromettantes. On disait que le maréchal recevait chaque jour ses journaux : il est certain que les Prussiens se chargeaient de sa correspondance privée et de celle de son entourage. J'ai même profité de ce mode de communication. Les relations entre les états-majors ennemis étaient fréquentes. Les soldats français glosaient sur leurs généraux et gardaient leurs étroits avant-postes. Presque tout le mois de septembre s'écoula ainsi ; seulement on remarquait déjà que les mauvaises nouvelles étaient répandues par les états-majors avec une facilité de mauvais augure. L'armée s'habituait à désespérer.

En même temps il se produisait dans l'alimentation publique des à-coups qui ne sont pas encore expliqués. Un jour on prétendit que les farines allaient manquer ; les ingénieurs de toute provenance se mirent à installer des meules. Le sel était épuisé. Le maréchal Bazaine et le général Coffinières tenaient continuellement la population en alarme. Un jour, les rues se remplissent de pompiers et de gardes mobiles. On remplit d'eau de vastes tonneaux répartis dans toutes les rues : on craint un bombardement ! On craint un bombardement, et l'ennemi est à huit kilomètres de la place, c'est à peine s'il ose pousser à cinq kilomètres quelques timides uhlans. De bombardement, je n'ai pas besoin de dire qu'il n'y en eut pas : c'est à peine si l'ennemi pouvait insulter de quelques obus inoffensifs l'enceinte des forts détachés. Enfin, comme sujet permanent d'inquiétude, le maréchal Bazaine a fait disparaître de certains actes le nom de l'empereur, mais il n'a rien mis à la place.

Vers le 20 septembre, le maréchal pensa sans doute « que la poire était mûre. » La garde avait été soigneusement complétée aux dépens des autres corps. Elle avait les meilleurs chevaux, une nombreuse artillerie; on évaluait son effectif à 40,000 hommes; mais ce chiffre était exagéré. Le bruit courait aussi que, aussitôt la République proclamée, la garde serait dissoute et les hommes répartis dans les autres corps, ainsi que les officiers, ce qui eût été pour eux un notable désavantage.

A l'époque dont je parle, on entendit des officiers de la garde tenir des propos étranges : il fallait « aller mitrailler ces canailles de Parisiens qui ne viennent pas nous soutenir. » L'artillerie même, moins crédule d'ordinaire que le reste, abondait dans ce sens plus qu'on n'aurait pu croire : oubliant le véritable ennemi, celui qui nous affamait, on parlait avec aigreur de « ces va-nu-pieds de républicains, » on voulait « balayer cette Chambre qui a perdu l'empire. » Enfin, ces hommes aveuglés, oubliant que l'étranger foulait notre territoire, ne songeaient plus à finir la guerre, mais à intervenir dans les discordes civiles comme pacificateurs armés.

Ce fut une véritable consternation parmi les patriotes. Nous ne pouvions croire à une erreur aussi funeste; mais nos chefs conspiraient contre nous. Des colonels réunirent leurs officiers, des officiers supérieurs agirent sur leur entourage. Ils parlaient d'*aigles*, de *serments*, de l'enceinte législative violée, de *l'empereur*, de *l'impératrice* et du *prince impérial*. Mais les officiers inférieurs secouaient la tête et ne repassaient pas la consigne aux soldats. Dans une de ces réunions, comme le colonel du.... rappelait à ses officiers qu'il fallait serrer plus que jamais les liens de la discipline, un jeune officier se leva : « Mon colonel, dit-il, vous pouvez être assuré de notre obéissance à tout ce que vous commanderez pour l'honneur de l'armée et le bien du pays. »

La ville, malgré les menaces de bombardement dont on l'avait abreuvée, ne donna pas plus que l'armée dans le piége qui était tendu. Elle rédigea des adresses édulcorées, mais nettes, où elle manifestait qu'elle voulait se défendre, et qu'elle n'avait besoin de personne pour cela.

On fit alors jouer d'autres ressorts, on promit une grande bataille; l'armée se tint prête à partir, on versa trois mille typhoïdes et dyssentériques des ambulances, et on fit savoir à la ville, déjà tranformée en hôpital par la présence de près de 20,000 blessés et malades, que la prochaine bataille lui donnerait 10,000 blessés nouveaux. Le 1er octobre, il était encore possible de se battre, mais le 15, la cavalerie et l'artillerie étaient ruinées par le manque de fourrages. L'artillerie avait commencé à rendre ses pièces à l'arsenal, sous prétexte qu'on ne pouvait plus les atteler.

Je raconte seulement la catastrophe. Je parlerai ailleurs des efforts inutiles que les patriotes firent pour l'éviter. Toujours est-il qu'avant la mi-octobre le colonel Boyer, créé général pour la circonstance (car Bazaine faisait des généraux), partait pour Versailles, aussi mystérieusement que cela pouvait se faire dans cet état-major indiscret, allant offrir la ville au roi de Prusse, à condition que l'armée, neutralisée pour un temps déterminé, rentrerait en France avec ses armes, et serait chargée d'*assurer la liberté des élections*. Ces termes équivoques ne trompèrent que ceux qui voulaient être trompés. « C'est bon pour sortir d'ici, disait l'armée, mais on verra après. » En même temps on parlait de nouveau du prince impérial et de régence; le régent, c'était Bazaine : il devait rendre à la fois l'ordre et la paix à son pays.

Les Prussiens lui refusèrent cette gloire. On fut embarrassé, on tint conseil, on résolut de se battre, et, une fois l'armée sous les armes, on ne se battit pas. Cela se passait le 19 octobre. Tandis que les soldats préparaient leurs armes depuis trop longtemps inutiles, tandis que les officiers bouclaient leur léger bagage, les généraux recevaient en communication officielle les nouvelles suivantes, rapportées par le général Boyer :

« Le général Boyer est allé jusqu'à Versailles ; il est égale-
« ment allé jusqu'à Paris, il a vu les maires des localités où
« il a passé. Il n'y a plus de gouvernement en France. Paris
« a déjà usé trois gouvernements, Lyon deux. Lyon, Mar-
« seille ont installé une république de sang. Toulouse et le
« midi se sont séparés de la France. Les Prussiens sont à
« Orléans, à Bourges, à Cherbourg. *Rouen et le Havre ont
« appelé les Allemands* pour se délivrer des socialistes. Il n'y
« a qu'un gouvernement possible, c'est la régence : il faut
« que l'armée rentre en France pour rétablir l'ordre et la
« liberté. »

Et l'armée, incrédule, se disait : « Rentrons en France,
et nous verrons après. » Mais elle était impatiente de rentrer
en France.

L'agonie était commencée. Les soldats, les fricoteurs,
mendiaient dans la ville : aux avant-postes, ils demandaient
à manger aux Prussiens, qui leur en donnaient. La nuit, des
milliers de maraudeurs se répandaient dans l'intervalle des
sentinelles : les Prussiens en prirent l'alarme et en tuèrent
vingt dans une nuit, en tirant sans y voir. La mortalité avait
été de vingt par jour dans la population civile, sur environ
70,000 âmes ; elle s'éleva dans les derniers jours à une
moyenne de 25 et même, dit-on, de 30.

Le maréchal continua à répandre par tous les moyens
officiels les « nouvelles Boyer, » sans cependant y mettre sa
signature. « N'ayez pas, disait un général en faisant cette
communication à ses officiers, n'ayez pas de préjugés d'honneur militaire. » Cependant on ne parlait pas encore de
rendre les armes, mais seulement de rentrer en France et de
garder la neutralité.

Le 20, le parti couard mit une sourdine à sa joie : on
disait que l'impératrice refusait de rentrer en France. Le
même jour, le général Coffinières trouvait à négocier chez
les banquiers de Metz pour un million de traites du trésor,
pour subvenir, disait-on, aux besoins de la ville.

Le 25, le général Changarnier allait à Ars négocier une capitulation. Les Messins discutaient entre eux comme des Grecs de Byzance. Le 26, on savait tout, mais le parti de la reddition, faisait accroire aux soldats qu'on les renverrait dans leurs foyers. Le 28 au matin, les dernières pièces de campagne furent rendues à l'arsenal. A midi, on commença à rendre les armes; cela continua jusque dans la soirée; peu de fusils furent détruits. La garde resta la dernière armée; il en entra quelques bataillons dans la ville, à la nuit, pour maintenir l'ordre; ils rendirent leurs armes le lendemain.

Le 29, je quittai l'uniforme, je traversai paisiblement les longues colonnes de Français désarmés, et je croisai les régiments prussiens qui s'avançaient doucement vers la ville.

Dans cette abominable histoire, la part des chefs est immense. Ce sont eux qui, pas à pas, ont conduit l'armée à la famine et au déshonneur. Mais il faut faire aussi la part de la cité et celle de l'armée. Elles ont manqué de sens moral. Ainsi périssent les nations qui laissent un ambitieux se jouer de leurs droits et de leur honneur! Ainsi périssent les armées qui désespèrent de la patrie!

Rossel.

(Extrait de *l'Indépendance belge*.)

LES DERNIERS JOURS DE METZ

La vérité se fera petit à petit sur la défense de Metz par Bazaine, défense si vantée par les Prussiens qui ne peuvent pas croire qu'ils ont vaincu sans péril. Depuis le premier jour jusqu'au dernier, cette défense a été insuffisante, entachée d'impéritie, de lâcheté, et enfin de trahison. On défend une place par des actions de vigueur, et depuis le 1er septembre, Bazaine n'a pas permis autre chose que l'escarmouche de Peltre et les combats stériles de Ladonchamps.

Jusqu'au 1er octobre, l'armée de Bazaine pouvait vaincre l'armée ennemie ; jusqu'à la fin, elle aurait pu s'ouvrir un chemin par une entreprise aventureuse et rapide. Le dernier jour enfin, c'était le devoir étroit des chefs de l'armée de détruire les fortifications, les munitions et le matériel de guerre. On savait tout cela, on savait qu'on était trahi, mais personne ne voulait s'engager dans l'aventure d'une révolution militaire ou d'un mouvement politique.

Le 26, les yeux commencèrent à se dessiller : ce n'était plus ni la paix, ni une convention, ni une régence dont il s'agissait, mais une vraie capitulation, une reddition complète. On était un peu animé ; les incrédules de la veille disaient : « Si j'avais su ! si on me l'avait dit ! si nous avions eu le « temps ! » enfin toutes les disjonctives qui servent d'excuses à l'infortune et à l'ignorance.

C'est au cercle de l'hôtel du Nord, où se réunissait de préférence le parti libéral, qu'eut lieu la première manifestation contre la capitulation de Bazaine, à l'instigation d'un capitaine de carabiniers, décoré et portant la croix de Mentana. Paraissant au cercle pour la première fois, il se jette au milieu des groupes agités, composés surtout de journalistes et d'officiers de la garde nationale. « Il ne faut pas se rendre ! crie-t-il d'une voix énergique et tremblante d'émotion. Trente mille hommes se réuniront pour chercher à se faire jour ; ils périront peut-être, mais n'importe ! Les officiers prendront un fusil et feront le coup de feu. Ne fût-on que huit ou dix, j'en serai ! Il ne faut pas se rendre ! » Chacun s'émeut, les vieux joueurs de dominos se retournent pour lui serrer la main, le capitaine s'anime de plus en plus. « Moi, dit un commandant de la garde nationale, je fais battre le rappel dans mon bataillon demain à six heures ! — Pourquoi pas tout de suite ? cria le carabinier. Qu'on batte le rappel, qu'on sonne le tocsin ; aux armes, aux armes ! » Et il jette sa croix d'honneur sur la table.

Voyant que la chose devenait sérieuse, les gens prudents peu à peu s'esquivèrent ; il y avait au cercle quatre sur cinq des chefs de bataillon de la garde nationale, on les entoura en leur demandant de marcher. L'un fit le sourd et disparut, les trois autres, pressés de choisir un chef et de donner des ordres, restaient embarrassés et irrésolus, et finirent par s'enfermer dans un salon voisin, pendant que le carabinier, arrivé au dernier terme de l'exaltation, poursuivait ses déclamations énervantes, et demandait son cheval, ses armes, son revolver !

Le malheur fut, en cette circonstance, que celui des chefs de bataillon qui était désigné comme le *leader* du parti libéral à Metz, comme le seul capable de conduire la garde nationale, manquât et de confiance dans cette garde et d'un caractère capable de grandes résolutions. Après être restés à délibérer beaucoup plus longtemps que ne le comportait l'urgence de la situation, les trois chefs de bataillon déclarèrent qu'il n'y avait rien à faire. Sur quoi chacun s'en fut coucher.

Le 27, je fus éveillé par un de mes plus anciens camarades, lieutenant au ..ᵉ, que j'avais vu en ville blessé, et qui avait rejoint son corps à Montigny. Il ne me dit pas d'abord pourquoi il venait, mais je le vis tout de suite, et lui demandai sur combien d'hommes de son régiment on pouvait compter pour se battre. « Trois ou quatre par compagnie. — Et les officiers ? — Les officiers à proportion, une douzaine : on pourrait peut-être former dans le régiment un peloton de 60 hommes, mais la moitié lâcheront pied à la fusillade. L'influence des officiers supérieurs démoralise tout. »

« Tu conçois, ajouta-t-il pour m'expliquer cette démoralisation étrange, qu'on a fait depuis huit jours tout ce qu'on a pu faire pour prouver à ces gens que tout est fini, qu'il n'y a plus moyen de se battre. Ceux qui marcheront se croiront sacrifiés. Tu sais l'influence des officiers supérieurs ; eh bien ! il faut l'avouer, on n'est pas fâché de se dire : « Ma foi, j'irai en Prusse, je ne courrai plus aucun danger. » L'autre jour notre colonel nous a réunis et nous a parlé de l'impératrice, de prendre patience, de tout cela. On dit que cela a réussi sur la garde, mais sur nous, pas du tout : une fois dehors, nous sommes-nous dit, il ne faut pas qu'il compte sur nous pour rétablir l'empire. Alors nous n'avons parlé aux soldats ni d'empereur, ni d'impératrice, mais nous leur avons dit : Vous avez encore cinq ou six jours à souffrir, nous n'avons des vivres que pour deux jours, mais nous vous ferons vivre comme nous pourrons. Et nous l'avons fait ; mais les six jours sont passés. ».

A neuf heures, je recontrai dans la rue le capitaine du génie de R..., attaché à la personne de Coffinières, et qui dès le début avait su juger les événements avec l'implacable netteté d'un sceptique éclairé. Je lui avais écrit le matin pour qu'il pressât Coffinières de démanteler la place avant de la rendre ; il vint à moi : « J'en ai déjà parlé, et V... aussi (le commandant V... est un ingénieur et un théoricien militaire d'une haute autorité) ; il répond qu'il faut attendre, qu'on négocie des conditions, et puis il rompt les chiens. Je lui en reparlerai. — Dites-lui bien, repris-je, qu'il nous trouvera prêts à obéir; nous y avons déjà songé; cela peut se faire vite et sans aucun danger. — Je lui en reparlerai, je lui répéterai ce que nous lui avons dit : chaque jour est pour nous une bataille perdue, et perdue sans pertes pour l'ennemi. Puisque nous nous rendons à discrétion, qu'avons-nous à perdre, qu'avons-nous à craindre ! Nous avons à craindre qu'on nous fusille. Et quand on nous fusillerait ! »

On comprend facilement l'importance qu'il y avait pour la défense du pays à détruire les fortifications de la place et du camp retranché. On privait ainsi l'ennemi d'un point d'appui presque imprenable, au cœur même de la France ; on lui enlevait les arsenaux, les usines militaires de Metz, les locaux nécessaires pour loger une nombreuse garnison et concentrer les approvisionnements de son armée. Enfin l'exécution de cette entreprise était, pour les Prussiens, un petit désastre de Moscou, mais sans danger pour les habitants ni pour les propriétés particulières ; la science du mineur donne les procédés et les charges de poudre à employer dans de semblables entreprises, et montre qu'on aurait pu ruiner les forts, les écluses, l'enceinte et les bâtiments militaires, sans autre dommage que de casser quelques vitres. La ville elle-même, riche, industrieuse, ne demandant qu'à s'étendre, aurait gagné à être débarrassée de cette enceinte qui l'étouffe, gêne les communications, rejette les faubourgs à de grandes distances, et constitue un péril pour les habitants. Enfin, dans le cas d'un retour de fortune, il faut considérer que les Français seraient obligés d'assiéger la ville et de faire de nouveau souffrir aux habitants autant et plus que les Prussiens leur ont fait déjà souffrir. Malheureusement, l'homme qui aurait eu commission et autorité pour faire accepter à Coffinières cette combinaison, le défenseur et le gardien-né de la fortification de Metz, le commandant du génie de la place, ne songeait, lui non plus, à rien moins qu'aux actes désespérés.

On ne put rien obtenir pour faire sauter les fortifications. Les commandants des forts, quoique braves et résolus, avaient témoigné la ferme résolution de s'en tenir à l'obéissance pure et simple.

Tout ce qu'on put faire fut de signer une protestation dont le commandant Villenoisy prit l'initiative.

A midi, le hasard me conduisit au café, où j'appris qu'il y avait dans la salle même, à une heure, une réunion d'officiers, provoquée par le général Clinchant et le colonel Boissonnet. Une soixantaine d'officiers s'y trouvèrent, presque tous du génie, quelques-uns de la garnison, et très peu de l'armée. Le colonel Boissonnet y parut, mais le général Clinchant attendit le résultat dans la ville.

J'ai déjà parlé du général Clinchant, ancien colonel de zouaves au Mexique ; il commandait une brigade de Mexicains, le 81e et le 95e. Il se distinguait par sa simplicité, de la bravoure, et un grand éloignement pour ce confortable luxueux avec lequel presque tous nos chefs insultaient la pénurie du soldat. Comment est-il devenu l'homme indécis qui n'a rien fait et n'a rien voulu faire ?

Boissonnet, colonel du génie, est un esprit très fin, bienveillant, éclairé. Dès le début, il avait jugé nos chefs, et ne s'était vengé de leur coupable négligence que par quelques plaisanteries. Enfin la capitulation lui parut une pilule trop dure à avaler. Une fois qu'il nous eut réunis autour de lui, il prit la parole : il parla de l'ignominie des conditions qu'on nous imposait, et déclara qu'il nous avait réunis afin que ceux qui ne voulaient pas subir cette honte pussent se compter et s'entendre. Pour les troupes du génie en particulier, il s'offrait à commander ceux qui voudraient partir. Il ajouta qu'on s'était adressé à plusieurs généraux, et que, jusqu'à présent, le général Clinchant acceptait seul un tel commandement, pourvu que l'on réunît 15 à 20,000 hommes. Il demanda enfin qu'on se comptât.

C'est alors qu'on s'aperçut que les officiers présents ne

représentaient même pas un vingtième de l'armée, et on décida que le lendemain matin, après avoir prévenu autant de monde que possible, on se rendrait dans un local isolé des bureaux du génie, pour y concentrer les renseignements et s'organiser.

A l'heure convenue, on ne vit ni Clinchant, ni Boissonnet; seulement un officier, plus convaincu sans doute que les autres, s'installa devant la table avec deux cahiers de papier blanc qu'il avait préparés dans la nuit en forme de répertoires, pour noter les effectifs, les positions, les mouvements et les chefs des troupes qui se rallieraient. A la même table se plaça un élève de l'Ecole Polytechnique, avec une grande carte du camp retranché, pour y pointer la position des mêmes troupes. La besogne abondait : les officiers de la veille apportaient des renseignements; d'autres, en foule, arrivaient de l'armée; des colonels avaient envoyé leurs adjudants-majors. Les uns se faisaient inscrire, et promettaient un effectif; les autres marcheraient seuls, avec un fusil ou un cheval; beaucoup demandaient des renseignements, des explications, on leur en donnait. Vers neuf heures, l'aide de camp de Clinchant demanda s'il y avait du nouveau. « Rien, « lui dit-on, tout s'organise, mais bien des corps ne sont pas « prévenus. » Il promit qu'à une heure après-midi son général viendrait se faire rendre compte du résultat obtenu, et qu'à deux heures il verrait les officiers et leur parlerait. Vers dix heures, il y avait environ 5,600 hommes inscrits, et beaucoup d'officiers isolés; on nous promettait, de plus, six mitrailleuses.

A une heure, les officiers remplissaient le bureau et la cour. Clinchant ne parut pas. On continua d'inscrire, puis, comme le temps pressait, on donna aux plus dévoués quelques indications de mouvements. Le temps pressait, dis-je, car nous apprenions qu'on rendait les armes. « Ce matin, « quand je suis rentré au camp, nos mitrailleuses avaient « été ramenées à l'arsenal. On désarme le 4e corps. On porte

« à l'arsenal les fusils et les drapeaux, » Ces nouvelles rendaient l'animation plus grande. « On nous a dit qu'il y avait
« un général, criait-on, où est-il, pour qu'il nous com-
« mande? » Trois cents officiers peut-être étaient réunis.

Vers deux heures, Boissonnet arrive : « Il n'y a, dit-il
« tout bas, plus rien à faire. — Alors nous agirons sans vous,
« si nous pouvons. Pourquoi nous avez-vous réunis hier? »
Les officiers se groupent, on forme un cercle; le colonel répète en balbutiant qu'il n'y a rien à faire, qu'on rend les armes, que tout est fini. La séance devient tumultueuse, on parle d'aller à l'arsenal reprendre les drapeaux, on parle d'aller exécuter Bazaine. Tout à coup surgit au milieu de la foule le même carabinier que j'avais vu au cercle l'avant-veille, toujours aussi animé, et toujours aussi brouillon ; sa voix domine la tempête : « Le rappel! le tocsin! aux armes!
« aux armes! »

Enfin, après une délibération incohérente, un commandant d'état-major, M. Leperche, convoque pour neuf heures du soir, sur la route de Sarrebruck, ceux qui voudraient absolument partir, entreprise désespérée et aventureuse, qui n'était en somme qu'une courageuse et inutile protestation. — Telle fut la fin de notre dernière tentative pour sauver l'honneur des armes françaises.

Je rentrai en ville en passant par la rue des Clercs, et en entrant de l'Esplanade dans cette rue, je croisai le général Clinchant. Il vint à moi : « Eh bien! dit-il, cela n'a pas réussi. — Non, mon général, répondis-je; ceux qui nous avaient engagés nous ont abandonnés. — Et qui donc? — Mais, mon général, vous-même. — Moi? Mais pas du tout, j'attendais chez le capitaine C. D'ailleurs il n'y avait que 4,000 hommes. — Oui, le matin, quand personne n'était prévenu, mais ce soir vous en auriez eu 20,000 ; ils étaient là trois cents officiers qui demandaient leur chef, et ce chef ne s'est pas montré. Vous n'aviez qu'à vous faire voir, l'armée vous tombait dans la main. »

Je le quittai ; j'ai su depuis qu'il avait été sermonné le matin par Bazaine.

La ville était très animée. La Mutte, l'immense cloche de la cathédrale, sonnait le tocsin par volées. Des gardes nationaux, l'arme au pied, formaient un cordon devant les portes de la cathédrale ; à côté d'eux, des détachements du 2e de ligne étaient censés maintenir l'ordre, mais assurément aucun n'aurait marché contre le peuple.

Au milieu de cette même place, un groupe chantait *la Marseillaise* et brandissait un drapeau tricolore. Les hommes avaient des chassepots arrachés aux soldats qui les rendaient à l'arsenal. Je crus reconnaître aussi à la tête du même groupe le violent carabinier qui m'avait déjà harangué deux fois.

J'entrai, sur l'autre place, dans le baraquement du 2e de ligne, pour réclamer à un officier des cartouches qu'il m'avait promises. Les sous-officiers m'en donnèrent ; ces braves gens faisaient encore leurs apprêts pour marcher à l'ennemi : « Toi qui ne pars pas, donne donc tes cartouches, » dirent-ils à un homme malingre qui était au fond du lit de camp.

C'est là aussi que je rencontrai, sous sa capote de caporal du génie, triste, amaigri par la faim (car le pauvre garçon avait eu faim), M. S..., ingénieur de la maison Cail, engagé volontaire pour la guerre. Il courut à moi : « Ah ! mon capitaine, mon capitaine ! » Et sans pouvoir parler davantage, il me serra les mains en sanglottant. Il pleurait comme un pauvre enfant ; je cherchai à le calmer un peu, et je l'envoyai mettre ses effets bourgeois, avec lesquels il était arrivé à Metz deux mois auparavant.

Je ne sais pas ce qu'il advint du commandant Leperche et de ses compagnons. On m'a dit qu'ils étaient partis à dix heures dans la direction des lignes ennemies, au nombre de trente-sept presque tous officiers et armés de fusils et de revolvers. Ils avaient marché en se glissant le long des haies, et jusqu'à une heure du matin on n'entendit pas un seul coup de fusil. On en concluait qu'ils avaient réussi à passer, ce que je souhaite. Sans doute d'autres entreprises analogues ont eu lieu dans différentes directions.

A 6 heures, des grenadiers et des zouaves de la garde étaient entrés en ville; ils firent des patrouilles toute la nuit pour maintenir l'ordre. On connaissait alors l'ordre impudent où Bazaine ose se comparer à Masséna; il y eut encore quelque agitation informe, « les convulsions de l'agonie, » me dit un observateur désintéressé.

Le lendemain, 29, qui était un samedi, il n'y avait plus d'armée. J'aimai mieux être fugitif que prisonnier, et je partis sans attendre que les Prussiens fussent entrés dans la ville.

Rossel.

(Extrait de *l'Indépendance belge*.)

A PROPOS DE LA CAPITULATION DE METZ

Nevers, 18 février 1871.

. . . .

Le 14 août, vers le soir, nous vîmes du haut des remparts l'horizon, depuis Saint-Julien jusqu'à Queuleu, éclairé, illuminé du feu de la bataille : c'était un spectacle cruel et étrange pour nous de voir la guerre dans notre pays ; maintenant on s'y est habitué. Le 16, l'armée avait passé la Moselle et trouvait l'ennemi devant elle. Aussitôt que je fus débarrassé de mon service, les convois de blessés qui arrivaient annonçant une grande bataille, je courus à cheval, par Moulins et Châtel, jusqu'au plateau de Gravelotte, où j'assistai à une partie de l'action à côté d'une batterie de mitrailleuses remarquablement bien commandée : j'ai revu une fois depuis, le jour de la capitulation, le capitaine de cette batterie. Le 18, j'allai encore le soir voir la bataille et je rencontrai ton ancien colonel, le brave général Grenier ; il s'en revenait ayant perdu sa division, qui se débandait tranquillement, ayant usé toutes ses munitions et combattu sept heures sans être relevée. Le lendemain le blocus fut complété.

Le 31 août et le 1er septembre, nos malheureux généraux essayèrent de livrer une bataille et ne surent pas même engager leurs troupes. Lebœuf chercha, dit-on, à se faire tuer, et réussit seulement à faire tuer sottement beaucoup de braves gens. J'allai les deux jours voir ce qui se passait. Le 1er dans l'après-midi, lorsque j'y retournai une troisième fois, on était en pleine retraite : j'ai rarement éprouvé un plus grand serrement de cœur qu'en voyant les dernières chances d'offensive qui nous restassent aussi honteusement abandonnées, car chaque fois qu'on se battait, je reprenais confiance.

Enfin on connut le désastre de Sedan et la proclamation de la République. C'était vers le 6 septembre. Ce soir là..... on me plaisantait fort d'ajouter foi aux mauvaises nouvelles; on me trouvait un alarmiste de mauvais goût. Enfin, tout en me plaisantant, on me fit dire ce que je pensais de la situation et je leur racontai comment cela finirait par une capitulation, en les ajournant pour me prendre au sérieux au jour où ils défileraient sans armes devant les Prussiens. « Quoi, pas même les armes pour défiler? dit P.... — Non « certes, quand on se défend comme nous, on n'y a pas « droit. » On m'a rappelé depuis ces *prophéties*.

Il n'y avait pas à Metz de mes contemporains du génie, sans cela je connais assez d'hommes vigoureux qui auraient pu faire quelque chose. Mais les uns disaient : « C'est impossible ». A quoi je répondais : « C'est peut-être impossible, mais c'est absolument nécessaire. » Les autres s'imaginaient que Bazaine « avait son plan », le pauvre homme : Bazaine se le figurait peut-être lui-même. Ton ami W..... écoutait avec plaisir mes demi-confidences, sa finesse devinait le reste et devinait même plus que je ne pensais ; mais il avait là-dessus un scepticisme de bonne humeur qui s'est peut-être dissipé depuis.

Bientôt Bazaine, dont les relations avec le quartier-général prussien devenaient de plus en plus faciles et confiantes, commença à ourdir son intrigue bonapartiste. Je n'avais jamais songé à rien qui eût un caractère politique, mais ici, Bazaine n'ayant pas reconnu le gouvernement nouveau, il suffisait de lever le drapeau du gouvernement français pour faire tomber à plat la coterie impérialiste. On commençait à parler de généraux disposés à ne pas suivre le Maréchal dans ses intrigues : on prononçait le nom de Clinchant, qui, chef d'un régiment de zouaves au Mexique, commandait à Metz une brigade de deux beaux régiments de Mexicains. J'allai le voir en me servant de ton souvenir comme de présentation, et bientôt il en fut aux confidences et me dit combien il était peu assuré d'être obéi de ses régiments en tout état de choses. Il s'agissait, suivant lui, de donner un vernis de légalité au renversement des généraux, et pour cela il voyait deux moyens. Organiser clandestinement les élections (qui d'abord devaient se faire le 16 septembre) et faire nommer représentants des hommes qui auraient pris la direction des affaires et en particulier Changarnier : ce moyen ne pouvait pas réussir. Les hommes du parti le plus avancé dans Metz n'avaient peut-être ni assez de caractère ni assez d'habitude de l'action pour se grouper. Un seul peut-être avait l'énergie voulue, X..., vieux proscrit de 1852 ; mais il avait vieilli ; son parti avait été désorganisé par vingt ans d'oppression ; les classes ouvrières étaient sans énergie et avaient perdu toute aptitude politique ; il était seul et sentait tristement son isolement et sa faiblesse. Quant à la bourgeoisie... c'était la bourgeoisie ; braves gens, bons pères, bons époux, bons gardes nationaux, bons patriotes même, très capables de rêver d'une résolution virile, mais ayant cette arrière-pensée qui devenait un argument au moment de l'exécution : « Après tout, je suis établi, je me dois à ma famille. » — En somme, on ne put rien faire pour les élections, qui d'ailleurs furent ajournées pour toute la France. L'autre entreprise consistait à envoyer à Gambetta un émissaire pour lui exposer l'état des choses et revenir avec des pleins pouvoirs pour le général Changarnier, en qui décidément se résumaient les espérances des hommes les plus expérimentés.

Envoyer un homme à Gambetta, c'était très chanceux, mais surtout c'était très long, et, tout calcul fait, je doutais que l'agonie de l'armée pût se prolonger jusque-là. Enfin, voyant que personne ne se déciderait sans l'appui de cette ombre de légalité, j'acceptai les offres d'un jeune élève de l'Ecole Polytechnique, qui n'était pas lié au service ; mais avant de lui faire courir cette aventure, je voulus m'assurer si le jeu valait la chandelle, et j'allai voir Changarnier.

Je trouvai en lui un militaire fort éclairé, et chez lequel l'âge paraissait n'avoir pas détruit une certaine vigueur. Les maréchaux l'abusaient en paraissant écouter ses avis et lui laissant espérer qu'ils seraient suivis ; lui-même il comptait toujours qu'on allait se battre : « C'est pour après-demain, » me disait-il avec une confiance que j'étais loin de partager. Il ne voulut pas entendre parler de prendre aucune initiative sans ordres du gouvernement ; ses scrupules étaient fort honorables, mais je tâchais de lui prouver qu'ils étaient intempestifs : « Non, disait-il, je ne veux pas usurper le commandement dans une armée où je sers comme volontaire ; je ne veux pas déshonorer mes cheveux blancs. » Lorsque je le quittai, il me prit les mains et me les serra : « Vous voyez bien, mon général, lui dis-je, que ce que je vous ai proposé n'était pas déshonorant, puisque vous me tendez la main. »

C'était vers le 26 septembre que cela se passait ; nous nous procurâmes des vêtements de paysan et nous passâmes plusieurs jours à chercher un point de départ favorable pour franchir les lignes et gagner promptement le Luxembourg ; l'entreprise était tout à fait difficile. Sur ces entrefaites, le père de mon ami tomba malade et le projet de départ fut ajourné.

Tu sais par le blocus de Paris combien les lignes prussiennes ont été rarement franchies ; la difficulté explique notre indécision. Mais l'impatience me gagnant, voulant m'assurer, par autre chose que des probabilités, des mauvaises intentions du Maréchal, j'allai voir mon ancien camarade A. B... qui était en position de tout savoir, et après une causerie de trois heures où ses réticences et ses contradictions m'apprirent ce qu'il voulait me cacher, je fus assez fixé pour ne plus hésiter entre mon *devoir de soldat* qui m'attachait à Metz et mon *devoir de citoyen*, et je me décidai à tenter moi-même de traverser les lignes, ce que je fis le lendemain, vêtu des mêmes effets de paysan que nous avions achetés pour mon camarade, l'élève de l'Ecole. Mais soit mauvaise chance, soit maladresse, après plusieurs heures passées à cheminer dans la pluie et l'obscurité, je fus pincé à la lueur d'un rayon de lune par des sentinelles prussiennes au milieu desquelles je tombai tandis qu'on les relevait. On me conduisit à l'avant-poste ; c'étaient des jeunes gens de bonne humeur, qui me donnèrent gaiement d'affreux pain noir et un peu d'eau-de-vie. Le chef de poste, un jeune porte-épée, après m'avoir maladroitement interrogé en mauvais français, me fit conduire à la grand'garde, d'où l'on me mena au cantonnement. Je passai la nuit au poste, après m'être séché devant un grand feu, car je grelottais de pluie ; mes misérables habits (le pantalon m'avait coûté vingt sous) étaient traversés ; et le matin je subis d'un officier supérieur un interrogatoire sommaire où il me prit pour quelque malheureux que la faim chassait de Metz. Alors il me fit reconduire par trois grenadiers jusqu'aux dernières sentinelles, avec ordre de me tirer dessus si je me retournais.

La précipitation des événements m'empêcha de renouveler cette tentative, que j'avais faite, je crois, le 6 octobre. L'inaction de l'armée, l'attitude des généraux semblaient annoncer une capitulation imminente. Bazaine et Coffinières commençaient à parler ouvertement, officiellement, de l'impossibilité de la résistance ; ce fut presque le moment le plus honteux de cette honteuse affaire. Clinchant m'envoyait souvent son aide-de-camp Krémer pour voir si quelque nouveau moyen ne se présentait pas. Incertain de l'obéissance de ses troupes, il ne voulait s'engager qu'avec l'appui de la population, et de son côté la population ne voulait s'engager qu'après l'armée. De la sorte, personne ne s'engagea ; mais voici ce qui arriva à un de mes camarades et à moi :

Nous nous occupions toujours de trouver des moyens d'action contre Bazaine, mais à mesure que le temps pressait davantage, nous étions peut-être moins prudents. Un samedi, il alla voir le général... tandis que j'allais voir deux généraux très influents. Ils m'accueillirent assez bien et me firent un tas de confidences intéressantes sur les intrigues variées qui se tramaient à ce moment ; mais lorsqu'il fallut en venir au fait, il se trouva qu'ils étaient d'avis qu'on traitât avec les Prussiens de la neutralisation de l'armée pour aller favoriser en France quelque changement politique : là-dessus je rompis assez brusquement l'entretien, ne voulant pas avoir affaire avec des gens préoccupés de politique intérieure tandis que le pays était envahi.....

Le lendemain, qui était le 15 octobre, j'étais dénoncé à Bazaine ainsi que mon camarade Boyenval. Appelé en présence de Bazaine, Boyenval s'emporta et confessa ses tentatives patriotiques; on le conduisit dans un fort où il fut interné. J'arrivai un peu plus tard : le Maréchal chercha à m'intimider et à me confesser, mais je demandai audacieusement une enquête, et le mis en demeure de nommer ceux qui m'accusaient. A un moment de cet entretien, pressé par mon interlocuteur : « Je ne cherche, lui dis-je, qu'à faire mon devoir. — Je n'en doute pas, me répondit-il vivement. » Du reste, après un interrogatoire assez long où j'eus bientôt pris le dessus sur ses accusations, il me renvoya en ville. Mais en même temps il donnait secrètement aux généraux et à la gendarmerie l'ordre de faire arrêter partout où on les trouverait *dans les camps* deux capitaines du génie qui répandaient des doctrines subversives et excitaient les soldats à l'insubordination. Cet ordre me laissait en sûreté dans la ville, où j'avais mon service. A mon retour, voyant que mon collègue Boyenval avait disparu, je me cachai pendant deux jours et redoublai mes efforts pour entraîner la ville ; mais l'arrestation de Boyenval avait refroidi bien des gens.....

Mon chef ne me parla pas de mon absence momentanée : je le rencontrais assez souvent chez ..., et les hasards de la conversation m'amenaient parfois à montrer des opinions tout à fait opposées aux siennes sur ce qui se passait ; de là une hostilité déguisée sous une cordialité apparente. Il savait que mes collègues et moi nous ferions le diable pour éviter la capitulation et pour en venir à quelque chose d'extrême. Pendant tout ce temps, mon service marchait ; il consistait en travaux de défense qui n'ont servi qu'aux Prussiens.....

Vers le 27, il parut certain que la capitulation était signée. Elle avait été négociée par Changarnier. Le 28 à midi, le hasard m'apprit qu'une réunion d'officiers du génie avait lieu au café pour résister à la capitulation. Nous fûmes assez nombreux. Un colonel, brave homme intelligent et fin, mais qui ne sut pas avoir en cette circonstance une résolution durable, prit la parole, s'éleva avec vigueur contre l'idée d'une capitulation, et demanda aux hommes résolus de se compter. Le général Clinchant promettait de prendre le commandement si on réunissait vingt mille hommes. La question une fois posée, il y eut quelque délibération assez confuse, et en faisant ranger par corps d'armée les officiers présents, on vit qu'une très faible portion de l'armée était représentée. On convint d'avertir autant de monde qu'on pourrait, et que, le lendemain à neuf heures, Clinchant se ferait rendre compte de la quantité d'hommes réunis ; on devait venir s'inscrire dans une salle des bureaux du génie, qui nous servait de salle à manger. Aucun des *initiateurs* de la réunion de la veille ne s'y trouva, mais seulement X..., deux élèves de l'Ecole Polytechnique et moi. L'affluence fut considérable ; beaucoup d'officiers se faisaient inscrire, surtout des officiers des régiments ; des colonels envoyaient leurs adjudants-majors ; d'autres venaient prendre des renseignements. Krémer fit une apparition dans la matinée et promit que Clinchant viendrait à une heure, parlerait aux officiers présents. Après déjeuner, l'affluence fut plus grande encore, mais on voulait voir Clinchant et on l'attendit en vain jusqu'à trois heures (j'ai su depuis qu'il avait été mandé et retenu ; je dirais presque détenu, au quartier général de Lebœuf). A ce moment le même colonel du génie qui avait engagé l'affaire apparut, morne et découragé, et opina que la résistance était impossible et qu'il fallait se résigner. Au milieu du tumulte qui s'ensuivit, une délibération sur la possibilité de résister s'établit entre quelques officiers, mais on ne put se mettre d'accord, et cette tentative s'en alla en fumée. On rendait les armes et les canons à l'arsenal. Les officiers voulaient une grosse épaulette pour les conduire, et les grosses épaulettes.....

Le soir, je partis avec mon ami X... pour trouver cette compagnie franche où j'étais allé quelques jours auparavant. Nous avions des fusils, des vivres et des cartouches. Mais la compagnie était dissoute, les armes rendues. Le plus vigoureux des officiers qui s'y trouvaient, mon lieutenant de l'autre nuit, avait poussé une reconnaissance jusqu'aux grand'gardes prussiennes, avait causé avec l'officier supérieur qui y commandait et s'était assuré de l'impossibilité de passer sans coups de fusil. Nous retournâmes chez nous et le lendemain je quittai l'uniforme pour l'habit bourgeois : des braves gens de la campagne, mari et femme, m'emmenèrent dans leur village, à la limite des lignes prussiennes, à Châtel-Saint-Germain. Pendant la route, nous croisions tout une division allemande, mais je n'éveillai aucun soupçon. La vue de tous ces gens-là ne m'inspirait point de colère ; ils faisaient leur métier, après tout, et le faisaient assez doucement : ils avaient même cette timidité de gens qui viennent d'attraper le quine à la loterie et qui n'y sont pas encore accoutumés. Au contraire, j'enrageais de voir la Garde, qui passait le pont de Longeville pour aller défiler devant les victorieux : j'étais plein de dépit de voir sans armes cette belle troupe équipée tout à neuf. A Châtel, je causai avec quelques Prussiens et m'assurai que la circulation était libre ; je pris une blouse bleue sur mes habits, et, le 31 à midi, je me dirigeai vers le Nord par une pluie affreuse et une boue profonde. J'arrivai à Luxembourg le 1er novembre à 7 heures du soir, sans mésaventure, mais non sans traverses.

ROSSEL.

(Extrait d'une lettre du 18 février 1871.)

LA LUTTE A OUTRANCE

La défense à outrance, la continuation de la lutte jusqu'à la victoire n'est pas une utopie ; ce n'est pas une erreur. La France possède encore un immense matériel de guerre, un grand nombre de soldats ; la ligne de la Loire, qui est une excellente frontière, est à peine entamée tant que Bourges n'est pas perdu ; mais fût-elle acquise à l'ennemi, l'attaque des provinces méridionales devient difficile à cause du massif de l'Auvergne qui oblige l'ennemi à partager ses efforts entre Lyon et Bordeaux. Un échec sur l'une de ces deux lignes les dégage toutes deux.

En thèse générale, la défense à outrance ne peut pas être nuisible à un peuple. L'erreur que nous commettons en faisant la paix est la même qui a perdu Carthage ; un peuple riche et un peu sceptique est toujours sollicité à commettre cette faute ; son vainqueur n'a plus alors qu'à l'exploiter doucement jusqu'à ruine complète.

Au contraire, la résistance a souvent des chances heureuses. Rappelez-vous la bataille de Cannes ; la conquête de la Hollande par Louis XIV, à la tête de quatre armées les plus puissantes de l'Europe, commandées par Turenne et Condé ; l'envahissement de l'Espagne par Napoléon en 1808 : voilà trois situations qui étaient, et de beaucoup, plus désespérées, plus accablantes, qui laissaient bien moins de chances à une issue honorable que notre situation après la prise de Paris. Cependant toutes trois ont été heureuses, et ce n'est pas un effet du hasard, mais peut-être l'effet d'une loi constante, dont un des caractères les plus nets est le dépérissement des armées victorieuses.

Une armée qui fait une guerre active se détruit, lors même qu'elle a toutes facilités de se recruter. Les recrues qu'elle reçoit maintiennent sa force numérique, mais ne remplacent ni les vieux soldats ni les officiers qu'elle a perdus. C'est par le défaut d'officiers qu'a péri l'armée de Napoléon : il en est de même de l'armée d'Annibal ; il en sera de même de l'armée prussienne, et plus promptement encore, sans compter que la mort de M. de Bismarck ou de M. de Moltke peut tout emporter.

Le mot de Pyrrhus vainqueur n'est pas un paradoxe. Il vient souvent un moment pour les conquérants où le désastre est tout entier en germe dans une victoire ; ce moment, c'est Cannes ou la Moskowa. Pourquoi les Prussiens n'auraient-ils pas la même aventure ? Il ne s'agit que d'attendre le moment, les user, les lasser, leur faire trouver Capoue dans nos villes, mais ne jamais faire marché avec eux pour notre rançon.

Nous manquons de patience ; nous faisons la paix aussi inconsidérément que nous avons fait la guerre. Ce peuple est trop mobile et trop sceptique. Il y a quatre-vingts ans on a pu le fanatiser avec les idées de liberté, de propagande égalitaire, de démocratie universelle ; à quoi croira-t-il maintenant !!!

Rossel.

Camp de Nevers, le 19 mars 1871.

Monsieur le Général Ministre de la guerre, à Versailles.

MON GÉNÉRAL,

J'ai l'honneur de vous informer que je me rends à Paris pour me mettre à la disposition des forces gouvernementales qui peuvent y être constituées. Instruit par une dépêche de Versailles, rendue publique aujourd'hui, qu'il y a deux partis en lutte dans le pays, *je me range sans hésitation du côté de celui qui n'a pas signé la paix et qui ne compte pas dans ses rangs de généraux coupables de capitulations.*

En prenant une aussi grave et aussi douloureuse résolution, j'ai le regret de laisser en suspens le service du génie du camp de Nevers, que m'avait confié le Gouvernement du 4 septembre. Je remets ce service, qui ne consiste plus qu'en arrêtés d'articles de dépenses et remise de comptabilité, à M. F., lieutenant du génie auxiliaire, homme intègre et expérimenté, qui est resté sous mes ordres par ordre de M. le général Vergne, en vertu de votre dépêche en date du 5 du mois courant.

Je vous informe sommairement, par lettre adressée au bureau du matériel, de l'état dans lequel je laisse le service.

J'ai l'honneur d'être,

Mon général,

Votre très obéissant et dévoué serviteur,

L. ROSSEL.

TABLE DES MATIÈRES

	Pages.
Préface.	5
8 août. — La Défense nationale.	9
26 septembre. — La situation militaire à Metz.	15
2 novembre. — Histoire de la capitulation de Metz.	31
4 novembre. — Les derniers jours de Metz.	40
16 février. — A propos de la capitulation.	49
15 mars. — La lutte à outrance.	58
19 mars. — Lettre au Ministre de la Guerre.	60